Gregor Sarrazin

Wigamur

Eine litterarhistorische Untersuchung

Gregor Sarrazin

Wigamur
Eine litterarhistorische Untersuchung

ISBN/EAN: 9783743429703

Hergestellt in Europa, USA, Kanada, Australien, Japan

Cover: Foto ©ninafisch / pixelio.de

Manufactured and distributed by brebook publishing software
(www.brebook.com)

Gregor Sarrazin

Wigamur

QUELLEN UND FORSCHUNGEN

ZUR

SPRACH- UND CULTURGESCHICHTE

DER

GERMANISCHEN VÖLKER.

HERAUSGEGEBEN

VON

BERNHARD TEN BRINK, ERNST MARTIN,
WILHELM SCHERER.

XXXV.
WIGAMUR.

———————————

STRASSBURG.
KARL J. TRÜBNER.

LONDON.
TRÜBNER & COMP.
1879.

SEINEN LIEBEN ELTERN

IN DANKBARKEIT UND VEREHRUNG

GEWIDMET

VOM

VERFASSER.

INHALT.

WIGAMUR.

Die einzige bisher bekannte Handschrift, in der das Gedicht von Wigamur überliefert ist, befindet sich in Wolfenbüttel und stammt aus dem XV. Jahrhundert. Sie giebt den Text nicht blos in den Sprachformen jener Zeit, sondern auch noch vielfach entstellt und verderbt. Die folgenden Untersuchungen stützen sich auf den Abdruck in v. d. Hagens und Büschings Deutschen Gedichten des Mittelalters. Der Dialekt der Hs. zeigt schwäbische Eigenthümlichkeiten: gewauppent 442. gewauffet 1820 (Al. Gr. §§ 52, 96) fröde, frede gewöhnlich st. fröide (Al. Gr. §§ 45, 92) II. pers. plur. stets auf -nt (Al. Gr. § 342). Das Schwanken zwischen w und b scheint aus der Vorlage herzurühren, da es sich meist in Eigennamen und unverstandenen Wörtern findet: Bigamur, Balays, Balban, Gaban, synbein st. sinweln, entweret st. enterbet : ersterbet.

Der Zustand der Ueberlieferung wird am besten durch eine Zusammenstellung einer Anzahl verderbter Stellen veranschaulicht: 'indewe' st. 'mouwe' 2082. 'hermût' st. 'heimuot' 1727. 'purhür' st. 'buhurt' 4842. 'erpraisten' st. 'erbeizten' 3971. 'erwellen' st. 'ellen' 3552. 'merynn' st. 'merminne' 360. 'von frawen maniger hande' st. 'von varwen maneger hande' 4727. 'ain liehte veche' st. 'eine lîste vêhe' 866. 'gevolget' st. 'gevolgec' 1845. 'kindes paren' st. 'küneges barn' 139. 'sprach' st. 'sprancte' 557. 'sein ain kint' st. 'sinne ein kint' 691. 'daz die tavelrunden' st. 'daz (= dâ ze) der tavel-

runden' 84. 'damit er in nacht beraubt des leybes an der
weyle' st. 'dô het ern nâch beroubet des libes an der wîle'
628. 'die schon maget von jm da wardt vergeszen (st. er-
getzet) irs laydes ain tayl' 985. 'er wer meyn gar vil reicher
gestol' st. 'er wære mîn vil rehter geschol' 5134. 'wan die
ist mein rechter gestol Linpondrigon von Gurgulet' st. 'von
diu ist mîn rehter geschol' L. v. G. 5933. 'preyssen wan' st.
'prîses wan' 3930. 'adler an' st. 'adelane' (alterane?) 2697.
'erkorn' st. 'verkorn' 246. 'nieman dan (st. wan) dîn' 5732.
'dye kempfer stunden bayde nu mit zwayen gûten degen' st.
'die zwên guoten degene' 1817. 'da ist kein zal under, solches
gesinde ist da gar' st. 'da ist kein zage under' usw. 4780.
'sy heten manigen held baydenthalben an der schar, da hie
nu adelar' st. 'hei, nu dar adelar!' 3220. 'synbein' st. 'sin-
weln' 1564. 'premmit' st. 'brûnît' 1760. (Haupt zu Engel-
hard 1308) 'wem die säld des wol gunnen' st. 'wem diu sælde
es wolde gunnen' 1827.

Auch im Reim sind Veränderungen vorgenommen wor-
den: 'scyt' st. 'birt : wirt' 5494. 'begiert' st. 'birt : wirt' 4608
(Haupt zu Erec 4051). 'eben : wehin' st. 'spæhe : wæhe' 1535.
'gefüttert' st. 'gefurrieret' : 'gehalbieret' 4685. 'die künigin
het dannocht wunsamen (: ergangen) uff dem ritter mit dem
arn' st. 'diu künegin het dannoch wân (: ergân) ûf den ritter
mit dem arn' 5292. 'darnâch die ritter überal sprachen mit
einer stimme das Weygamur der jungling (st. ein gimme)
wär seiner manheit' 2201. 'betaget : gejaget' st. 'bereit : ge-
jeit' 150. 'betagte : sagte' st. 'bereit : seit' 5770. 'gerete :
megede' st. 'gereite : meide' 1744. 'dach : gach' st. 'dà : gâ'
2965.

Bisweilen soll Unverständliches durch eingeflickte Wörter
erläutert werden: 'harte [und] sere' 126. 'von urleuges [und
krieges] frayse' 3461. 'in dem [felsen und] holen stain' 158.
'als [oft und] dick sy daz an sach' 5507. 'und die benk
wol [verdecket und] gezieret gar' 4432. Mit Vorliebe werden
Wörtchen wie 'auch, aber, also, gar, selbe, schön, frawe,
künig' eingeschoben. Dagegen sind inclinirte Wörtchen ent-
weder ganz weggelassen oder abgelöst. In den Artikelformen
herrscht grosse Verwirrung: der, des, die, den werden für

einander gesetzt, ebenso da, das, dar. Schreibfehler sind z. B. 'Eydes gemaget gemaydt' st. 'Idîs diu maget gemeit' 2038. 'sy enpfieng jn besunder, sy nam all besunder (st. wunder) was er sagt newer mer' 4659. 'schamal' st. 'smal' 3784. 'berayttenn' st. 'breiten' 3675. 'voran' st. 'varen' 5534. 'gelucketratt' st. 'gelückesrat' 1080. 'anzalhaft' st. 'unzalhaft' 3303.

Durch Nachlässigkeit des Schreibers sind viele Lücken entstanden; ausser den im Abdruck bezeichneten fehlen, wie es scheint, zwei Verse nach 439, 1139, 1549, 3467, 3280, 3962, 4244, 4548, 6043, ein Vers nach 5963.

Wenn der Dichter im Eingang von einem Buche spricht, dem er seine Erzählung entnommen habe, und sich nachher noch mehrmals auf die Aventiure beruft, so ist dies nur die gewöhnliche Vorspiegelung um dem Werke Autorität zu verschaffen. Der Stoff der Erzählung ist vielmehr aus verschiedenen Ritterromanen zusammengeflickt.

Die ersten Lebensschicksale des Wigamur gleichen denen des Lanzelet. Wie dieser wird Wigamur als Kind von einem Meerweibe geraubt, von einem Meerwunder in ritterlichen Künsten unterwiesen:

Wigam. 342 er lernt in sîner kintheit
 tugent und gefuoclicheit,
 ... schirmen unde springen,
 loufen und ouch ringen.

Lanz. 278 siu besante merwunder
 un l hiez in lêren schirmen,
 ... ouch muost er loufen alebar,
 und ûz der mâze springen
 und starclîche ringen.

Beide Helden werden, zu Jünglingen herangewachsen, aus dem Meere ans Land entlassen; sie zeigen sich bei ihrem ersten Auszuge gleich unerfahren in der Reitkunst:

Wigam. 593 daz er dâ von niht enviel,
 daz was wunderlich,
 wan er mit den henden sich
 habte an den satelbogen.

Lanz. 404 ez enkunde der jungelinc
 den zoum niht enbalden,

> er liez es heil walden
> und habet sich an den satelbogen.
> Wigam..552 sus reit der kindische man,
>   sô daz ros selbe wolte gân.
> Lanz. 442 dem rosse muos er volgen,
>   swâ sô ez hin lief.

Sonst sind zu dieser ersten Ausfahrt viele Motive dem
Parzival entnommen. Auch Wigamur zieht zuerst nur mit
Bogen und Pfeilen bewaffnet aus 413; er sieht der Belagerung
einer Stadt zu, die wie Pelrapeire an einem reissenden Strome
liegt 473. S. 533 ff. nimmt Wigamur Rüstung und ritter-
liche Waffen einem Ritter ab, den er in der eroberten und
verwüsteten Stadt erschlagen findet. V. 1300 ff. hat der
Dichter diesen Umstand schon vergessen und lässt Wigamur
erzählen, er habe jenen Ritter im Kampfe selbst getödtet,
wobei offenbar die Episode von Ither von Gaheviez aus dem
Parzival vorschwebte. Auch Wigamur ist zuerst ganz un-
wissend in allem, was Ritterstand und Ritterpflichten betrifft,
und wird von einem Ritter darüber belehrt 693 ff. Er kommt
in die Burg eines Fürsten, der dieselbe Rolle spielt wie
Gurnemanz im Parzival, und der Empfang ist ein ganz
ähnlicher:

> Wigam. 1227 zwô frouwen kômen zehant
>   schœne beide gelîche,
>   gecleidet ritterlîche,
>   zuo dem bade si giengen,
>   den herrn si wol enphiengen.
>   sines badens betens vlîz,
>   mit ir linden henden wîz
>   wart er geriben uude getwagen.
> Parz. 167, 2 juncfrowen in rîcher wæte
>   und an lîbes varwe minneclîch,
>   die kômen zühte site gelîch,
>   si twuogn und strichen schiere
>   von im sîn amesiere
>   mit blanken, linden henden.

Im weiteren Verlauf der Erzählung werden die Ueber-
einstimmungen mit dem Parzival spärlicher. Auch Wigamur
befreit eine jungfräuliche Königin von einem verhassten Freier,
dessen Bewerbungen sie mit ähnlichen Ausdrücken des Ab-

scheus zurückweist wie Condwîramûr die des Clâmidê vgl. Wigam. 2774 ff. Parz. 194, 27 ff. Auch im Wigamur veranstaltet eine Königin ein Turnier und verheisst dem Sieger ihre Krone und ihre Hand vgl. Wigam. 4677. P. 60, 9. Die Stellen zeigen aber keine wörtliche, sondern nur inhaltliche Entlehnung. Dem Iwein nachgeahmt ist die ganze Episode Wigam. 1450—1929. Wigamur sieht in einem Walde einen Geier und einen Adler in heftigem Kampfe, wie Iwein den Löwen und Lindwurm; er erschiesst den Geier und der Adler zeigt sich seinem Retter dankbar:

> Wigam. 1489 schône flouc er zuo dem man
> und vil nâhen zuo im saz,
> mit der gebærde kund er [tuon] daz,
> als er im genâte,
> daz erm geholfen hâte
>
> Iw. 3869 sich bôt der lewe an sînen vuoz
> und zeict im unsprechenden gruoz
> mit gebærde und mit stimme.

Fortan begleitet der Adler Wigamur, wie der Löwe mit Iwein umherzieht, hat aber keinen Antheil an der Handlung und wird nur zu Flickversen verwandt. Wigamur erhält den Namen des Ritters mit dem Adler, wie Iwein der Ritter mit dem Löwen heisst, Wigam. 1735 vgl. Iw. 5495.

Bald nach diesem Zwischenfall begegnet Wigamur einer Jungfrau, die ihm klagt, ihre Muhme habe sie ihres Erbtheils beraubt, sie suche einen Ritter, der ihr durch Zweikampf zu ihrem Recht verhelfe. Wigamur ist gleich bereit. Am Hofe des Königs Artus wird der Zweikampf mit dem Ritter der bösen Muhme ausgefochten. Diese ist vor dem Kampfe eben so zuversichtlich und übermüthig, wie die ältere Schwester in der Episode des Iwein:

> Wigam. 1794 von dem lant Campil Affrosidenes,
> diu vereinet sich des,
> daz man keinen [zu] kempfen möhte hân
> der dem vor möhte gestân.
>
> Iw. 5751 wand si was des ân angest gar,
> daz sî iemen bræhte dar,
> der ir kempfen überstrite.

Bei den Versöhnungsversuchen des Königs Artus bleibt sie ebenso unerbittlich, wie ihr Original vgl. Wigam. 1856 ff. 1899 ff. Iw. 7288 ff. Dagegen wird auch im Wigamur die Gutherzigkeit der jüngeren hervorgehoben:

> Wigam. 1847 Idis, diu maget gemeit,
> diu sprach 'des bin ich bereit.
> ich låz ez gerne understân,
> und soltz an mînen schaden gân,
> ê der ritter tugenthaft
> sîns lîbes werde schadehaft,
> der dâ viht an mîner stat',

> Iw. 7304 si sprach 'ê ein sus gêret man
> den tôt in mîneme namen kür,
> ode sîn êre verlür,
> mîn lîp und unser beider lant
> wæren bezzer verbrant...
> dir sî verlâzen âne nît
> beide, lant unde strît'.

Der Ausgang des Kampfes ist verschieden: Wigamur tödtet seinen Gegner.

Aus dem Tristan Gottfrieds von Strassburg ist eine längere Schilderung wörtlich entlehnt, worauf El. H. Meyer in der Zs. 12, 477 aufmerksam machte.

> Wigam. 1164 Umb und umbe zetal
> stuonden fruhtbær boume âno zal,
> ... die dem stein mit blaten
> und mit esten bâren schaten,
> und schirmeten ouch den brunnen
> vor regene und vor sunnen.
> liehte bluomen unde gras
> mit den der plân gezieret was ...

> 1184 die kriegeten vil suoze enein,
> ir ietwederz daz (Hs. da) schein
> daz ander an mit widerstrit.
> ouch vant man dâ ze sîner zît
> vil der vogele manecvalt ....
> daz was daz schœnest vogelgedœne.
> daz gedœne (Hs. getan) was dâ schœne,
> und schœner vil dann anderswâ,
> ouge und ôre heten dâ
> weide und wunne beide,
> daz ouge sîne weide,

daz ôre sîne wunne.
dû was schate und sunne,
der luft und die winde
senfte unde linde.

Trist. 420, 21 aber umb und umbe hin zetal
dâ stuonden boume âne zal
die dem berge mit ir blate
und mit esten bâren schate
... die schermeten den brunnen
vor regene und vor sunnen.
liehte bluomen, grüene gras,
mit den diu planje erliuhtet was,
die kriegeten vil suoze enein,
ir ietwederz daz schein
daz ander an enwiderstrît.
ouch vant man dâ ze sîner zît
daz schœne vogelgedœne
daz gedœne was sô schœne
und schœner dâ dann anderswâ.

usw. wörtlich übereinstimmend bis 721, 7.

Merkwürdig ist, dass sich ausser dieser Stelle keine wörtliche Entlehnung aus dem Tristan im Wigamur findet. Das höfische Fest im Walde, welches Artus veranstaltet, Wigam. 2472 ff. erinnert nur im Allgemeinen an das Fest Markes Trist. 15, 16 ff. Den Reim küele : gestüele Wigam. 2575 hat vielleicht Trist. 431, 24 geliefert. Vergleichen liesse sich etwa noch Wigam. 2505 'ouch sungen wol ze prîse die vogele ûf dem rîse' und Trist. 436, 13 'si sungen von dem rîse ir wunnebernde wîse'.

Die stärkste Einwirkung auf den Wigamur hat der Wigalois Wirnts von Grafenberg ausgeübt, wie schon die Nachahmung im Namen des Helden verräth.

Uebereinstimmend sind die Grundzüge der Fabel: ein Königssohn, der in Einsamkeit ohne seine Herkunft zu kennen aufgewachsen, zieht aus seinen Vater zu suchen, kommt an den Hof des Königs Artus, befreit eine jungfräuliche Königin aus der Gewalt eines Heiden, vermählt sich und findet seinen Vater. In den einzelnen Abenteuern zeigt sich freilich wenig Aehnlichkeit; von dem düstern Zauberspuk des Wigalois ist hier nichts zu finden, die Erzählung bewegt sich vielmehr in den ausgefahrenen Geleisen der Zweikämpfe, Turniere und

Schlachten. Trotzdem bietet sich manche Gelegenheit zur
Nachahmung. So wenn eine Belagerung geschildert wird:

> Wigam. 467 si gâbn dar under und dâ vor
> vil manegen slac herten,
> mit kreften si sich werten,
> mit slegen und mit stichen.
>
> Wigal. 11090 mit slegen und mit stichen
> kêrtens gein der herte,
> daz inner her sich werte
> mit sô manlîcher kraft.

Wigamur giebt seiner Freundin Pioles beim Abschied
das Versprechen:

> Wigam. 1000 ich kum her wider, michn irre nôt,
> oder ich müeze ligen tôt.
>
> Wigal. 1113 ich kum iu inner kurzen zît
> michn irre sîn danne der bitter tôt,
> ode sô ungefüegiu nôt,
> die niemen muge erwenden.

Der wunderbare Prüfstein der Tugend Wigam. 1100 ff.
hat sein Vorbild Wigal. 519 ff.

Auf ähnlichen Pfaden ziehen Wigamur und Wigalois
nach Abenteuern aus:

> Wigam. 1089 die rehten strâze er gar vermeit,
> einem stîge er volgen began,
> einen hôhen berc wol getân,
> (ze guoter mâze was er breit),
> einen stîc er dâ ûf reit,
> der was smal und grasec.
>
> Wigal. 6256 .. er die strâze übersach
> einem stîge volget er nâch
> ûz gegen der linken hant
> der was grasec und ungebant.

Wigamurs einnehmendes Wesen wird mit denselben
Worten gerühmt wie das des Wigalois:

> Wigam. 1361 er was allen den bereit
> die sîns dienstes geruohten.
>
> Wigal. 1249 sîn dienst was allen den bereit
> die sîn von im geruohten.

Dem Wigamur begegnet ebenso wie dem Wigalois eine Jungfrau, die allein durch den Wald reitet, und bei dieser Gelegenheit preist der Dichter wie Wirnt die Sittsamkeit früherer Zeiten:

> Wigam. 1506 zuo den zîten was der site,
> daz niemen deheime wîbe iht
> tet, es engunde gerne ir muot.
>
> Wigal. 2365 daz was dô gewonheit,
> swâ man dehoine rîten sach
> daz ir niemen niht ensprach.

Die Ankunft der Botin Isopês an dem Hofe des Königs Artus wird ähnlich erzählt wie die der Abgesandten Lariens im Wigalois:

> Wigam. 2540 eins tages dô die ritter balt
> vor dem künege alle sâzen,
> trunken unde âzen
> . . . nu kam ûf den hof wît
> ein juncfrowe dort her geriten.
>
> Wigal. 1720 . . kom ein maget riche
> geriten hoveschlîche,
> dâ die ritter ûberal
> an dem tische sâzen,
> trunken unde âzen.

Der wunderbare Edelstein im Gürtel stammt aus dem Wigalois:

> Wigam. 4489 ze vorderst lac ein amatist,
> des tugent alsô· ist,
> er gibet witze guot
> und vertrîbet trûregen muot.
>
> Wigal. 792 ouch was ein edel rubîn
> durch sînen wunneclîchen schîn
> in den gürtel vor geleit.
> swenne dehein swachez leit
> trûebet ir gemüete,
> sô benam des steines güete
> mit süezem schîne ir ungemach.

Wigamurs Vater ertheilt seinem wiedergefundenen, schon erwachsenen, Sohne gute Lehren Wigam. 4281 ff., ebenso unmotivirt, wie Gawein dem Wigalois 11520 ff. Aber statt des höfischen Ritterideals, das Gawein seinem Sohne vorzeichnet, enthalten Paldriots Ermahnungen nur eine hausbackene Moral. Es lassen sich noch einige wörtliche Uebereinstimmungen zwischen beiden Gedichten anführen, die allerdings nicht charakteristisch sind: Wigam. 3891 wand er hât eines lewen muot = Wigal. 1801. Wigam. 2411 wie Troie wart zerfüeret, vgl. Wigal. 275 wie Troie zerfüeret wære. Wigam. 2615 ir munt bran reht als der rubîn vgl. Wigal. 9278 .. ir munt von rœte bran als ein vil edel rubîn. Wigam. 5392 dan waz er 'rwarp mit sîner bete vgl. Wigal. 2202 ern erwurbez ê mit sîner bete. Der Vergleich 'hemde wîz als ein swan' Wigal. 10531 scheint dem Dichter des Wigam. sehr gefallen zu haben; er braucht ihn dreimal Wigam. 428. 1531. 4450; doch ist dieser Vergleich für andere Gegenstände auch sonst beliebt vgl. Martin zur Kudrun 1372, 1. Ausser den dort angeführten Beispielen ist er mir aufgefallen Lanz. 8864. Wigal. 2409. 2542. Flore 6903. Krone 13983. Auch in der Mode der Damenkleider ist der Wigalois massgebend gewesen: Damenrock aus zwei Stücken von grünem und rothem Sammt zusammengesetzt Wigam. 2565. Wigal. 746, Mantel von braunem Scharlach Wigam. 1746, Wigal. 8871 vgl. zu Erec 1986, Hut von Pfauenfedern Wigam. 5533 Wigal. 8910. Dem 'rieme von Iberne' im Wigal. und Erec (vgl. Haupt zu Neidhart S. 125, zu Erec 1558) entspricht regelmässig 'ein borte britanîn' Wigam. 1537, 2364, 4482.

Ob der Verfasser des Wigamur Fleckes Flore gekannt und benutzt hat? Jene Scene, wie Wigamur, der seiner geraubten Braut nachfährt, von einem mitleidigen Wirth bei dem er, wie vorher der Räuber, Herberge genommen, über sie Auskunft erhält und bei der Erzählung in Thränen ausbricht Wigam. 5497 ff. erinnert auffallend an eine ganz ähnliche Situation Flore 3065 ff. Der Dichter des Wigamur redet bisweilen in lebhafter Erzählung die handelnden Personen an, bedauert, warnt, tadelt sie Wigam. 3664 ff. 3824 ff. Sollte dieser sonst selten angewandte rhetorische Kunstgriff Flecke nachgeahmt sein? vgl. Flore 3296 ff. Aehnlich ist auch der Vergleich Wigam. 4922 'ir brûnen brâu gestrichen mit einem bensel wol gevar' u. Fl. 6889 'die brâwen als ein benselstrich'. Genauer stimmen noch die Verse Konrads von Würzburg Engelh. 2982:

>dâ swebeten brûne brâwen obe
>alsô gevûegelichen,
>als ob si dar gestrichen
>hœte ein kleinez benselîn.

Ueberhaupt erinnert die detaillirte Beschreibung weiblicher Schönheit Wigam. 4905 ff. vielfach an Konr. v. Würzburg, vgl. z. B.:

>Wigam. 4931 diu minnoclîche dierne
>   het zwei brûstlîn als zwô birno
>   gesmucket an ir herze zart.

>Engelh. 3044 man sach ir senften brüstelîn
>   ... storzen harte kleine
>   als ez zwên epfel wæren.

>Wigam 4924 als gespünste was ir hâr.

>Troj. Kr. 19908 ir hâr ... schein sô liehtebære,
>   als ez gespunnen wære
>   ûz golde von Arâbiâ.

Aber die Annahme einer Entlehnung von Konrad von Würzburg ist durch das höhere Alter des Wigamur ausgeschlossen. Die Vergleiche werden schon früher vorgekommen sein, wenn ich auch nur für den letzten eine Parallelstelle anzuführen weiss: Kudr. 1664 'sîn hâr lac ûf dem houbte als ein golt gespunnen'.

Die Abhängigkeit von den Artusromanen zeigt sich auch in den entlehnten Eigennamen: Artûs, Caridôl, Gâbân, Walbân, Erec fil li rois (Hs. fyli rois) Lac, Plioplerin (Hs. Phyoplerin 2068, Piolplerin 2084), Lehelîn, Gamuret Gandînes sun, Segremors, Ither von Gaheviez, Lanzelet, Kei, Pant, Marroch, Pelrapiere, Logroys, Kanadic 4747 vgl. Parz. 586, 3. Die letzten Namen weisen besonders auf den Parzival.

Stilnachahmung der höfischen Poesie zeigt sich zunächst in den Fremdwörtern: amîs, aventiure, clâr, garzûn, massenîe, palas, kurtôsîe, buhurt, buhurdieren, zimerol, zimierde, troppel, gugerel, presse, baniere, vesperîe, plân, turnei, turnieren, tjoste, tjostieren, puneiz, punt, pusînen, tambûren, tanz, tavelrunder fem., tavelrunde, gehalbieret, geparrieret, gefor-

micret, gefurrieret, gefigurieret, gezimieret, siroppel, mâras,
teppich, kolter, pheller, kursît, schapel, cyclât, scharlach,
frittschal, brûnît, zendâl, tyrât, timît, samît, lasûr, jaspis,
sardîn, saffir, amatist, rubîn, granât, alabaster.
'keiserlich' wird nach der Art Gottfrieds von Strassburg
gebraucht Wigam. 2694, 3370.
'grôzer slege wârn si milt' 1833 vgl. Iw. 7131 'si wâren
der schilte einander harte milte'.
Nachahmung von Wolframs Stil scheint vorzuliegen in
Ausdrücken wie:
4858 'dô muost er dulden valles pîn'. 4571 'die herren
giengen an ir slâfes zil'. 1183 'aller bluomen schîn'. 3537
'mit ritterlîcher gelpfe schîn'. 3462 'si wâren guotes (Hs.
gûte) weise'. 827 'der sinne gar ein weise' vgl. P. 167, 9
'witze ein weise'. 4808 'grôz warten dâ was niht vermiten'.
5197 'an prîse laz' = P. 533, 19.
Nachahmungen allgemeinerer Art sind:
4995 'der (Hs. des) gotes vlîz lac an in'.

> 1614 'elliu sælde und ouch güete
> ûz im von natûre blüete'.

'Sælde' personificirt 7, 1381, 1827, 2081, 2217, 4119,
5077, 'Frouwe Schœne' 4947.
Im Ganzen aber hat die höfische Poesie auf den Stil
des Wigamur wenig eingewirkt. Nur in der kurzen Wechsel-
rede lässt sich eine gewisse Gewandtheit erkennen, die wohl
auf höfische Muster zurückzuführen ist, Wigam. 870 ff. 1271 ff.,
sonst ist der Stil roh und unbeholfen, mag auch viel von
diesem Eindruck auf Rechnung der schlechten Ueberlieferung
kommen.
Viel grösser ist in Stil und Darstellung die Abhängig-
keit vom Volksepos und der Spielmannsdichtung, wie sich,
hoffe ich, aus den folgenden Zusammenstellungen ergeben
wird.
Unhöfische und veraltete Worte werden ohne Scheu
gebraucht: 'magedîn' an den von Haupt zu Erec 27 ange-
führten Stellen. 'gemeit' sehr oft. 'garwe' 1126. 'künne'
4098. 'letzen' 5372, 669, 3161. 'vestenen' in der Bed. ver-
loben 4619. 'freise' 4340, 3461. 'freislich' 216, 'freissam'

578, 'lobesam' sehr oft, 'vâlautinne' 116, 239, 247, 'mete' neben 'wîn' 4296, 1629. 'marc' = ros 1789, 'fürbüege' 2692, 'wigant' sehr häufig, 'gast' = recke 480, 719, 3818, 'degen' sehr häufig, ('recke' nie), 'balt, snel, stolz, guot' als Epitheta ganz gewöhnlich, 'ritter vermezzen' 1249, 'ritter hôchgeborn' 2251, 'frouwe wolgeborn' 1560, 4277, 'künec wolgeborn' 1560, 'wol geborne knabe' 812, 'ritter ûz erwelt' 3572, 2787, 'mortgrimme man' 756, 'gremlîche (Hs. grymlich) 601, vgl. Jänicke zu Biterolf 6413, 'ellen' 3552 (Hs. erwellen) 'nîtslac' 1904 (Jän. zu Biterolf 10894). 'verschrôten' 727, 3786. 'verhouwen' 521, 5018. 'râmvar' 980. 'helmhuot' 636. 'kolbe' als ritterliche Waffe 4005. 'schaft' = sper 5224, 4978, 2136. 'halsperc' meton st. ritter. 3618 vgl. zu Wolfdietr. A 187, 1. 'hervart' 1402, 3046, 5224. 'urliuge' 3461. 'wal' 5783.

In formelhafter Weise werden Epitheta gebraucht: 'golt rôt' 107, 1554, 2118, 4287, 4965. 'hant wîz' 889, 1069, 1233, 2742, 5517. 'munt rôt' 87, 2735. 4536. 'ougen lieht' 89, 2736. 'wunden grôz unde wît' 3778. 'guotiu stat' 5470 vgl. Martin zu Kudrun 798. 'her breit, schar breit' 2930, 3186. 3635 vgl. Martin zu Kudrun 1430. 'heide breit' 657. 'heide rôt' 3846, 3971. 'grüene walt' 4721. 'linde breit' 1508, 1635. 'hôhe berge und tiefiu tal' 5371. 'helle sunne' 1318, 261. 'liehte morgen' 3730, 4576. 'der kindische man' 552, 652, 575, 1442 vgl. Haupt zu Minnes. Frühl. I, 4, 10.

Formelhafte Verbindungen werden mit Vorliebe angewendet: 'alte und junge' 1667, 2828, 2849, 2354, 2478, 3638. 'arme unde rîche' 4050, 5390, 6100. 'man unde (noch) wîp' 882, 5769, 4212, 2590, 1420. 'ritter oder kneht' 2282, 1989, 3641. 'bürge unde lant' 1592, 1961, 2767 (Martin zu Kudrun 205) 'krône unde lant' 2273, 2379, 4710. 'hütten unde gezelt' 4726 vgl. Martin zu Kudrun 1592. 'craft unde maht' vgl. z. B. Alphart 152, 1. 'mit swerte und mit sper' 2388. 'âne swert und âne sper' 3078. 'sper und swert' 5032. 'mit kolben und mit swerten' 4005. 'lîp und guot' 671. 'an guote und an lîbe' 2293. 'mit lîbe und guote' 1846. 'fröide âne haz' 4653 vgl. Martin zu Kudrun 404. 'liep oder leit' 5384. 'wol und wê' 3171. 'sorge unde swære' 3202. 'leit unde swære' 2752. 'nôt und arbeit' 5441, 5894. 'laster unde

leit' 3595. 'schaden unde schande' 2272. 'behüeten und
beherten' 1402. 'wandeln unde werben' 763. 'rouben mit
[sampt] dem braude' 3590 vgl. Martin zu Kudrun 683 'lewen
muot' 3891 vgl. zu Wolfdietr. B. 485, 1, 'der sinne ein kint'
691 vgl. z. B. Alph. 97, 4, Ortn. 273, 3, Wigal. 2913. 'trôst
der heidenschaft' 2896 wie 'trôst der Nibelunge'. 'herberge
vâhen' 6003 vgl. Martin zu Kudrun 465. 'pfelle swarz als
ein kol' 1557 = Nib. 356, 3. 'munt rôsenvar' 867. 'hende
snêwîz' 5517. 'munt rœter danne ein bluot' 4455. 'rôt als
ein bluot' 2682. 1747. 1327. 2602. 'grüene als ein gras'
1545, 2600, 4446. 'wan daz ins tages zeran' 3841 vgl. Nib.
2024, 1540, 2057. Kudr. 1273.

In der Manier der Spielmannspoesie sind Schilderungen
wie 'dâ mohte man wol schouwen mánegen munt rôsenvar'
4598. 'hie mohte man wol schouwen munde rôt' rôsen ge-
lîch' 2734. 'ouch mohte man dâ schouwen vil manege schœne
frouwen mit rôsenrôtem munde' 85. 'die schenken trûten
manegen wanc' 78. 'die schenken trâten manege vart' 1259.
'dô wurden breite schilte smal' 3784. 'dô wurden smal ir
schilte breit' 2972. 'einer stach, der ander sluoc' 1834. 'der
stach, jener sluoc' 1918. 'diu swert vil sêre erklungen den
rittern an den handen' 483. 'in erklungen oft diu swert von
slegen an der hant' 1829 vgl. zu Wolfd. B. 37, 12. 'daz
bluot sach man rinnen über die halsperge wîz, diu swert
verluren iren glîz und wurden alle bluotvar' 489. 'ez en-
mohten vor den tôten an die erde niht getreten diu ros, diu
erde dâ ir varwe verlôs, von dem bluote wart si rôt' 3786.
'die slege die si dâ sluogen, die wâren starc unde grôz' 2974.
'von den slegen die si sluogen wurden si der schilte blôz'
1881. 'kein schilt ist sô herte, si houwen in mit dem swerte,
reht als er fûl sî' 3030 vgl. zu Ortn. 206, 4. 'rüeret alle
iuwer swert vaste in den handen' 3798. 'die die baniere
fuorten, vaste ûf einander ruorten' 3220. 'die die baniere
fuorten hei, wie die ritter [sich] ruorten' 3733. 'si kunden
beide niht gesparn die schilte, die si truogen' 1879. 'si kun-
den beide niht lenger sparn die schafte in den handen' 5223.

Neigung zu formelhaftem Ausdruck zeigt sich auch in
der wörtlichen oder wenig abweichenden Wiederholung ein-

zelner Verse: 74 = 4588, 1827 = 5077, 1512 = 4270,
155 = 5770, 1834 = 1918, 2450 = 5290, 2069 = 3159.
1078 = 5311, 1079 = 5258, 2221 f. = 4283 f., 4065 f.
= 6018 f. = 5219 f. 3690 = 4694, 4540 = 2542, 2745 f.
= 4589 f., 5455 f. vgl. 2865 f., 716 vgl. 463, 73, 4344,
4587, 3690; 893, 5600.

Formelhafter Ausdruck ist ein Merkmal der Volkspoesie,
weil sich darin eine gewisse Gebundenheit des Geistes, das
Zurücktreten der subjectiven Persönlichkeit kundgiebt. Eine
andere Eigenthümlichkeit der Darstellung beruht auf dem-
selben Grunde: das Volksepos und die Spielmannsdichtung
lieben die Masseneffecte, sie geben ihren Gemälden gern
einen breiten und bunten Hintergrund, während die höfischen
Erzähler das Interesse auf wenige handelnde Personen con-
centriren und die grosse Masse in tiefen Schatten stellen.
Diese meiden daher alle Scenen, wo es darauf ankommt, das
wogende Leben, Kampfgewühl und Festgedränge realistisch
darzustellen, während besonders die Spielleute eine grosse
Vorliebe für derartige Schilderungen haben. Auch der
Dichter des Wigamur, wenn er z. B. Schlachten 440—501.
3206—3276. 3731—3828, Versammlungen 2155—2250, Tur-
niere 4735—4791. 4825—4881. 1995—2150 schildert, steht
ganz auf dem künstlerischen Standpunkt eines Spielmanns.
Im Charakter dieser Poesie sind auch die Vorausdeutungen:
29. 141. 415. 3780.

Unhöfisch ist der naive und intensive Ausdruck der
Gemüthsbewegungen, oft durch spielmannsmässige Ueber-
treibung gesteigert: Wigam. 2623 ff. verlieren die Ritter der
Tafelrunde im bewundernden Anschauen einer schönen Frau
so sehr ihre Besinnung, dass sie den Wein aus ihren Bechern
vergiessen und statt in das Brot sich in die Hand schneiden,
ganz ähnlich wie Môrolt 82—87, vor freudigem Schreck fällt
eine Jungfrau in Ohnmacht, 'ein kalter sweiz ir übervlôz'
5742, vgl. Lichtenstein, Einleitung zu Eilhart von Oberge
CLVII, Zupitza zu Virginal 415, 3. Weinen vor Freude wird
erwähnt 1722. 4257, vor Rührung weinen sogar Männer 4145.
5529 vgl. Martin zur Kudrun 62. Kuss zum Zeichen der
Versöhnung 4217 vgl. Martin zur Kudrun 159, das Herz

eines bösen Mannes lacht vor Falschheit 5898. König Artus
wird roth vor Zorn 1864. Ausrufe mit hei 3734. 5546.
Schmerzruf 'ach, ach!' 5526 vgl. Denkmäler S. 389, Martin
zu Kudr. 1138. Hohn und sarkastischer Witz beim Kampfe
im Geschmack des Volksepos, wenn z. B. König Paldriôt zu
einem feindlichen Ritter, der in seinem Blute liegt, sagt 'du
muost mir hiute lâzen mîne liute âne nôt, du wære wîz, nu
bist du rôt' 3774, oder wenn das Blutvergiessen mit Wein-
einschenken verglichen wird 3823 vgl. Jänicke zu Biterolf
10562, Martin zu Kudrun 774.

Der Dichter des Wigamur bemüht sich sichtlich seinen
Schilderungen einen höfischen Anstrich zu geben, aber unter
der Tünche scheint bisweilen eine ziemliche Rohheit der
Sitten und Urwüchsigkeit der Lebensverhältnisse durch. Im
Kampf drückt Wigamur seinen ritterlichen Gegner, dass ihm
das Blut zu Nase und Ohren herausströmt 2984. 5250; vor
dem Zweikampf erklärt König Paldriôt 'daz wil ich hie be-
herten mit kolben und mit swerten' 4005; das Meerweib soll
zur Strafe für den Raub des kleinen Wigamur an der Burg-
zinne aufgehängt werden 248; in einer Versammlung der
Ritter von der Tafelrunde tritt Artus auf eine Bank, um sie
besser zu überschauen 2237; in den Kriegserklärungen wird
ungenirt mit Rauben und Brennen gedroht 3153—91. 3584 ff.
der Zweikampf, bei welchem noch die Bedeutung als Gottes-
gericht lebendig ist, wird in altepischer Weise zu Fuss und
mit dem Schwerte ausgefochten, unter der Aufsicht von Griez-
warten 1811 ff. 3993 ff. (daneben allerdings die höfische Tjost
5251 ff.). Vor der Schlacht werden die vornehmsten Ritter
auf die Warte gesandt, feindliche Begegnung und Einzelkampf
erfolgt gerade wie im Volksepos, 2876 ff. 3962 ff.

Anspielungen auf die Heldensage meidet der Verfasser
des Wigamur wie die höfischen Dichter, nur der Name
Diether enschlüpft einmal 2846, aber die Erwähnung des
weisen Salomo als Vorfahren der Königin Isope 2697 ist ganz
nach der Manier der Spielleute vgl. Jänicke, Einleitung zum
Biterolf XVIII, auch der kunstreiche Zwerg Pranzopil 2586,
die Meerminne 360, der wunderbare Brunnen unter der immer-

grünen Linde, dessen Trank verjüngt und nach Belieben wie Wein, Meth, Maulbeerwein oder Lautertrank schmeckt. Das kunstreiche Bad und die Wasserkünste in dem schönen Garten 1151 ff. erinnern am meisten an eine Beschreibung im Herzog Ernst (Bartsch) 2660 ff. vgl. z. B.

> Wigam. 1151 in den stein was geleitot
> daz wazzer mit sinnen
> mit zwein silberînen rinnen,
> diu eine kaltez wazzer truoc
> diu ander heizes genuoc.

> H. E. 2670 .. zwô rôre silberîne
> die daz wazzer dar in truogen.
> mit listen sô was daz getân,
> swederez man wolte hân,
> warm wazzer oder kalt,
> des truogen die rôre mit gewalt
> den beiden bütten genuoc.

Es bleibt nun noch die Aufgabe übrig die Individualität des Dichters zu bestimmen, so weit sie sich aus dem Gedicht selbst ergiebt.

Die Zeit der Abfassung des Gedichts ist durch die Erwähnung beim Tannhäuser (Minnesinger II, 86) und durch die Entlehnung auf die Jahre 1210—1250 begrenzt. Eine nähere Bestimmung wird sich schwerlich finden lassen, da in der Zeit das erste Blatt, auf dem der Dichter vielleicht seinen Namen und persönliche Beziehungen angab, fehlt, und in dem Gedichte selbst nicht die geringste Anspielung auf Zeitereignisse vorkommt. Die alterthümlichen Reime 'mânôt : nôt' 1216, 'rôt : gesatelôt' 1750 haben wohl noch in späterer Zeit Analogien (Weinhold, Bair. Gramm. § 303), können daher für die Zeitbestimmung keinen Anhalt gewähren. Diphthongirung von î und û ist, nach den Reimen zu schliessen, noch nicht eingedrungen. Nur die Reime 'künigein : haim' 2815 und 'sein : hein' (= heim?) 2660 könnten dafür geltend gemacht werden (Bair. Gramm. § 78). In beiden Fällen aber kann 'hein, haim' sehr wohl für 'hin' stehen, was der Schreiber zur Bewahrung des Reimes änderte; die Stellen würden dann lauten:

2815 von Holdrafluoz diu künegîn,
si nam urloup und reit hin
wider in ir lant ze hûs.
2658 bî dem brunnen ze Sinfroylas
wil mîn frouwe hiute sîn,
dar umb muoz ich flen wider hin.

Im letzten Falle ist 'hin' dem Sinne weit angemessener als 'heim', denn die Herrin ist nicht zu Hause, sondern auf der Reise und die Dienerin will sie auf einer verabredeten Station treffen; vgl. 'er liez si dâ und reit hin' 1012. 'sêre weinde bat si in, daz er si rîten lieze hin' 5382.

Für die Bestimmung der Heimat des Dichters gewähren die ungenauen Reime, aus denen sich auf den Dialekt schliessen lässt, einigen Anhalt:

a : â häufig vor n, m z. B.: 991. 1090. 1109. 1220. 1300. 1806. 2168. 2424. 3016. 4427. 4522. 4561. 5064. 5097. 5821 u. ö. — vor r: wâr:gevar 4466. 5738. gar:clâr 4505. varen:clâren 6038. gar:wâr 1084. 1117. hâr:gebar 3577. clâr:dar 868, 971. jâr:dar 1290. hâr:dar 54. — vor ht: naht:bedâht 1729. — vor ch: dar nâch:sach 4524. nâch: geschach 814. — vor t: rât:trat 4205. lât:stat 2639. hât: bat 2653. rat:wât 1080. stat:hât 4010.

o:ô got:nôt 887. 2950. got:bôt 5787. tôt:got 5172. 5604. ros:verlôs 3787. worte:gehôrte 5513.

u:û sun:Britûn 4777.

e:ê (nur vor r) verkêrt:gewert 292. kêr':er 1302. kêrte:gerte 3431. mer:hêr 3564. hêr:er 5440. kêrten: geverten 5451. mer:mêr 4085. mêr:sper 5167.

i:î vor n: bin:sîn 402. 683. 2260. schîn:in 3250. sîn:hin 4028. 4727. sîn:in 2886. 4200. in:dîn 6030. phellîn:hin 2035. bin:vingerlîn 929. in:magedîn 1895. — vor ch: gelîch:sich 1876. rîch:mich 1895.

u:uo sun:tuon 288. 680. 1405. 4128. nu:zuo 975. buoz:kumbernus 1694. fruo:nu 1734. stuont:munt 2534. stuont:kunt 5299. Wigamur:fuor 640. 1345. swuor:Wigamur 4627.

i:ie (ausser nieht, niet im Reime) nur vor r mir: Dolier 4107. dierne:birne 4932. mir:schier' 5949. ir: schier 5916.

ô : uo dô : fruo 712. sô : fruo 1779. dô : zuo 3496. fruo : zwô 6075. darzuo : zwô 3870. rôt : guot 2118. bôt : guot 2839. Paltriôt : guot 3470. 3716.

a : o dar : spor 220. machen : wochen 2480.

a : ô (= œ) kam : schôn' Adj. (allezan?) 160. schôn' Adj. (sân?) : dan 6059.

â : o stât : spot 2224.

â : ô alsô (sâ?) : wâ' 5532. rôt : durchnât 1555.

a : ou dan : zoum 3294 vgl. Zs. XII, 468.

a : e balden : helden 4729.

e : ë häufig z. B. 1813. 3218. 3037. 5474. 5670. 2464. 5361. 4005.

e : æ her : mær' (mêr?) 3230.

ô : æ (vor r) hêr : swær' 2752. swær' : mêr 3203. mêr : swær' 3834. mære : sêre 5588.

e : i willen : gesellen 2128. gemenget : dringet 4913.

ê : î stên (Cj.) : magedîn 5972.

ô : œ krône : schône (Adj.) 2251. lône : schône (Adj.) 3868. . schône (Subst.) : krône 4710.

uo : üe muo (= müeje) : zuo 1580. 5590. Holdrafluoz : suoz' (Adj.) 2741. guote (Adj.) : gemüete (Subst.).

û : iu lasûre : tiure 1330. 1552. natûre (natiure?) : tiure 1208. aventiur' : sûr 5937. tiur' : mûr 4811.

u : ü entrünne (Cj.) : künne (Subst.) 4098 vgl. gewunnen (Cj.) : gunnen Inf. 1826. vrum : kunn' (Cj.) 3927.

u : i innen : verbrunnen 910.

œ : üe (= ô : uo?) schœne : grüene 1601, 2121, 2568.

Apokope des tieftonigen e im Reim: prîs : wîs' 9. Paltriôt : genôt 41. tier : schier' 147. kam : schôn' 159. erschein : stein 261. rein' : stein 1160. rein' : kein 3580. clein' : schein 4517. naht : maht' 1516. site : iht 1568. gemeit : bereit' (Prät.) 1740. gern' : wern 2299. stein' : schein 2580. balt : wat'l 3081. bist : wist' (Prät.) 3149. vrum : kunn' 3927. art : spart' (Prät.) 4919. walt : bald' 5869. prîs : wîs' 5103. verwunt : hund' (Plur.) 5161. erkant : land' 1309. kêr' : er 1302. aventiur' : sûr 5937. muot : behuot' (Prät.) 1569. tac : clage 755. hage : tac 1178. pflege : wee 294.

Tieftoniges e reimt auf betontes e: ritter : her 2248. hêr : vetter 3525.

s : z häufig z. B. 1357. 1591. 1694. 2182. 2207. 2610. 2620. 2630. 2718. 3731. 5875. 6031.

m : n nach a häufig, — nach i: gimme : inne 2111. küniginne : gimme 2636. im : gewin 2537, — nach e: enfremte : sente 2440, — nach u: frum : kum 3927. kumer : entrunne 2270. gewunnen : kumen 5435, — nach ü: künec : vrümec 2518. 2728. 3058. 5126, — nach ei: kein : oheim 2666. Auslautendes ch verstummt: frô : hô 1213. hô : dô 5727. dâ : gâ 1006. 2965. slâ : gâ 803. dâ : gâ (Hs. gach sa) 1825. sâ : gâ (Hs. gach) 4241. Differenz eines auslaut. t: sach : vaht 625. sich : niht 1597. gemach : maht 5285. naht : sach 5522. ungemach : naht 311. Differenz eines auslaut. n: wâren : fürwâre (ze wâre?) 732. munde : gebunden 87. knaben : abe 4415. finden : gesinde 5607.

Ohne Bedeutung für den Dialekt sind alterthümliche Reimungenauigkeiten:

Verschiedene Tennes reimen: sluoc : bluot 3261. pflac : gap 341.

Verschiedene Medien reimen: habent : bejagent 93. lebte : phlegte 808. abe : tage 3041. phlegen : geben 4317. geslagen : ergraben 1537. geladen : tragen 3511. getragen : schaden 3726. clagen : schaden 3828.

Dreisilbige Reime: degene : ebene 1818. lobene : ebene 2100. obene : lobene 4507. nebene : ebene 1510.

Sehr roh, wenn nicht durch Verderbniss entstanden, sind die Reime: habte : bat (Hs. patte) 2460. sagte : hâte 1493. Lendriê : witewe 3814. vast : ritterschaft 3673. Rêrât : wart 5426.

Eigennamen werden sehr willkürlich im Reim gebraucht z. B.: Linpundrigunt : kunt 5484. Linpondrigûn : brûn 5419. Amolôt : nôt 3481. Amolôz : grôz 3505. Lendriê : mê 5928. : sîe 5437. : dabî 6016. Lendriô : alsô 3944. Auf Textverderbniss beruhen wahrscheinlich die Reime: heten : reitten 1594 (st. behielten : wielten?). werden : fürdten 3519 (st.

wert : pfert?). solten sein : solten streyttein 2859 (st. sîn
solden : strîten solden?) tût : tût darzû 2957 (st. tuot : tuòt?).
schier : tett er snüer (st. schier' : daz hersnier?) 4043.
Von einzelnen sprachlichen Besonderheiten sind durch
die Reime bezeugt: II. Pl. Ps. Ind. v. sîn : birt 4608. 5494.
III. Pl. Ps. Ind. sîn 5139 ('nu hœret alle die hie sîn' : künigîn)
vgl. Bair. Gramm. § 296, Conj. sîe (: Lendrîe 4051, 5037)
vgl. Scherer ZGDS. 206.
Von hân werden im Ind. Ps. und Inf. die zusammen-
gezogenen Formen gebraucht; Prt. Ind. hetten : betten 4570.
Mygaret : hete 1505.
Von gân und stân sind im Ind. Ps. und Inf. die Formen
mit â im Reim vorherrschend, nur stên : jehen 2791. stêt:
Gamuret 4757. ergêt : Gurgulet 5995. Cj. stê 4035. stên
5972.
mahte gewöhnlich st. mohte, aber mohte : tohte 936.
1724.
Von wellen Cj. Prt. welde (Hs. wölde) : helde 3333.
Von wizzen Prt. weste : neste 1458. : geste 5474. wist':
list 3151.
Zusammenziehungen von age in ei zeigen die Reime
gescit : hövescheit 92. leit : seit 3312. geseit : gemeit 2497.
4663. 2399. gescit : bereit 1810. von ege in ei: geleit : reit
4885. geleit : werdekeit 4435. ige : î sît : lît 4640. ibe : î
wît : gît 1144. eide : ei gecleit : leit 4885. : vermeit 5479.
: gemeit 4601. bietten (st. buten) : knieten 1245 ist eine roh
dialektische Form vgl. Schmeller Bair. Wörterbuch I, 306.
drouwen (st. dröuwen) : beschouwen 5512.
I. Sing. Ps. Ind. sagen : tagen 3516 rührt vom schwä-
bischen Schreiber her, st. sage : tage (Acc. Pl.). sâ, sân
wechseln im Reim ab, fur st. für reimt häufig auf Wigamur
z. B. 5509. 5459. 4820. 4387.
Am auffallendsten sind die Reime ô : œ, uo : üe, û : iu,
œ : üe, welche Nichtdurchführung des Umlauts zeigen. Sie
könnten auf mitteldeutsche Dialekte hindeuten, aber die
anderen Merkmale fehlen. Keine Verengung des ie zu î,
uo zu û zeigt sich im Reim, nur die dem bairischen Dialekt
eigenthümliche Diphthongirung von i zu ie, u zu uo. Auch

der für das Mitteldeutsche charakteristische unorganische
Rückumlaut ê — â (z. B. verkârt st. verkêrt) ist aus-
geschlossen. Der Reim ê : æ würde für Mitteldeutschland
entscheidend sein, wenn er auch vor anderen Consonanten
als vor r vorkäme, in dieser Beschränkung spricht er eher
dagegen. Die Zusammenziehung von age zu ei ist nur süd-
deutsch, nicht einmal nordbairisch, Wolfram vermeidet sie
bekanntlich.

Die Reime a : ô, ô, ou verrathen bairische Mundart
(Weinhold Bair. Gramm. §§ 18, 38, 40, 56). Auch in süd-
bairischer Mundart ist der Umlaut nicht durchgedrungen,
ausser dem Ausländer Thomasîn von Zirclære reimen auch
der Teichner und Otacker ô : œ, uo : üe (Bair. Gramm. §§ 54,
109), auch û : iu ist bairischer Mundart gemäss (Müllenhoff,
Einleitung zu Kudr. S. 103).

Merkwürdig aber, dass trotz der sonstigen Rohheit der
Sprache Reime, die der späteren bairischen Mundart gestattet
sind, fehlen, wie û : ou, nicht einmal ûw : ouw (Gramm. I³,
194) kommt vor. Auch der Reim c : ch, der sonst bei
Dichtern dieser Gegenden nicht ungewöhnlich ist, fehlt im
Wigamur; vgl. Weinhold, Bair. Gramm. § 186 'in Steiermark,
Kärnthen und im grössten Theil von Tirol ist die Aspiration
(des ausl. c) nicht zu hören'. Sollte sich aus diesen Eigen-
thümlichkeiten vielleicht eine engere Begrenzung der Heimat
ergeben?

Der Wortgebrauch zeigt auch in lexikalischer Beziehung
bairische Besonderheiten: das von El. H. Meyer in der Zs.
12, 490 angeführte 'vram' 589. 3010 (vgl. Alph. 325, 4 'hôch-
gebirge vram') das concessive 'halt' 1959. 'meil' 1916. 1945.
987. 'unvermeiloget' 1077 (Schmeller Bair. Wb. I, 1586).
'tocke' 2020 (Bair. Wb. I, 488). 'reffen' 1068 (Bair. Wb.
II, 66). 'gedrollen' 4906 (Bair. Wb. I, 566, Lexer Mhd.
Wb. I, 460, vgl. zu Wolfdietrich B, 2, 2; Scherer ZGDS.²
241) 'tol' = vermezzen 5954. 6085 (Bair. Wb. I, 602) ver-
varn = sterben 3483 (Bair. Wb. I, 738), gewinnen = be-
ginnen 3895, 4214 (Bair. Wb. II, 931).

Dass der Verfasser des Wigamur trotz seiner Litteratur-
kenntniss keine grosse Bildung besessen, geht schon aus

seinem rohen Dialekt hervor, auf den die höfische und Litteratursprache kaum einen Einfluss ausgeübt hat. Mehr noch aus seinem Stil. Alle jene Nachlässigkeiten im Satzbau, die der Volkspoesie und den des Schreibens unkundigen Dichtern anhaften, finden sich auch im Wigamur. Anakoluthieen sind häufig z. B. 1398 f., 3492 ff., 4480 f., 5595 f., 4903 f. Eine Art Anakoluthie ist auch die Wiederholung des Subjects durch ein persönliches oder Demonstrativpronomen z. B. 4149. 4127. 4244. 1399. 1848. 1741. 3741. (Gramm. IV, 418). Ἀπὸ κοινοῦ vgl. Haupt zu Erec 5414: 2404 'dem künege hiez si tragen dar ein gezelte was gemachet wol'. 2328 'nemt hin, adlerritter guot, durch iuwern ritterlîchen muot daz ros sult ir rîten'. 2848 'Artus der künec lobesan der vuorte beide junc und alt was ze der tavelrunde gezalt'. 3243 'der sach vor im rîten einen heiden sêre strîten'. 4066 'si brâhte zeiner stunde ein merwunder hete si gefangen'. 4107 'dô kêrte ich in ein lant [hiess] Dolier kam ich alsô gegangen blôz'. 4372 'er empfienc vor dem palas die unkunden geste vunden guote reste'.

Vor heizet, hiez wird das Relat. ganz gewöhnlich ausgelassen z. B. 3482 'hie was ein künec hiez Amolôt'. 5580 'in einer heide heizet Effloyr' . . . 111 'in dem lande wonte dâ ein wildez wîp hiez Lesbîâ'; ebenso 3492. 3554. 5030. (vgl. Grimm Kl. Schr. 3, 341).

Sehr stark ausgeprägt ist die Neigung zu parataktischem Satzbau, so dass bisweilen ganze Versreihen in jeder Zeile einen selbständigen Satz enthalten z. B.

> 4057 ff. Lesbia was ein wîp genant,
> daz mer was ir wol bekant,
> in einem steine was ir hol,
> dar in zôch si mich wol
> mit ir tohteren zwein,
> die ouch bûten den stein,
> die wânte ich mîn muoter sîn,
> zehen jâr pflac si mîn.

> 5456 Si kâmen gên Lauflirarin,
> daz was ein stat bî dem mer:
> diu het von türnen grôze wer,

> diu was des küneges von Sablet,
> und was der von Gurgalet
> mit der maget geriten fur.

vgl. 710 ff., 1318 ff., 1599 ff., 2079 ff., 4087 ff., 5654 ff., 5901 ff., 5483 ff.

Uebergang aus ungerader in gerade Rede (Haupt zu Neidhart 62, 20): .

> 938 er bat die maget úf stân
> und mit im in daz hûs gân,
> 'wir sîn hiut wol berâten,
> brôt unde ouch einen brâten
> haben wir hiut ze spîse'.

> 5732 dô sprach der künic Wigamur,
> nu ensolt diu frouwe hinfur
> nimmer bî der-künegin sîn,
> 'den rîchen künec von Nordîn
> bring ich dir, daz ist wâr'.

Subject und Prädicat stimmen im Numerus nicht überein' (Lachmann zu Iwein 575, Haupt zu Erec 354. Gramm. IV, 196 f.): 2584 'an ir beiden armen schein zwên spangen guldîn'. 3753 'nu kam dort her geriten nâch ritterlîchen siten wol gezieret beidiu her'. 4252 'des küneges gesinde gewunnen grôze fröide 'nu'. 4430 'dar ûf was (Hs. war) gebreitet tischlachen wîz und wol gevar'.

Intransitive Verba reflexiv gebraucht: 5174 'erschein sich'. 4383 'sich wahsen'.

Beliebt ist die Umschreibung des Präs. oder Prt. durch das Partc. Präs. mit dem Verbum subst.: 928 'wan als ich hie stânde (Hs. standent) bin'. 1053 'was wartende (Hs. warten) mîn'. 2340 'wes iuwer munt geruochende ist'. 2375 'diende (Hs. dienen) sîn'. 2775 'krenkende sîn'. 3411 'dankende sîn'. 3443 'varnde sîn' (Gramm. IV, 6).

Mehr der volksthümlichen Sprache gemäss ist auch 5556 'si vuoren walt unde lant' vgl. Haupt zu Erec 3106.

Eine alterthümliche Construction ist 4057 'die wânte ich mîn muoter sîn' (Gramm. IV, 117 f.).

Auffallend ist das Perfect statt des Plusquamperfects im abhängigen Satze, besonders nach dem rel. nu, während im Hauptsatze das Prät. steht: 4262 'nu diu mære komen

sint (: kint) allenthalben in daz lant, dô begundens alle gâhen'
vgl. Parz. 724, 1 'si erbeizten, die dâ komen sint (: kint)'.
4561 'nu die herren gezzen hânt, dô vorderten si bettegewant'
vgl. 250 ff., 138 ff., 502 ff.

Nach allen diesen Nachlässigkeiten und Freiheiten im
Stil lässt sich kaum annehmen, dass unser Dichter dem
bürgerlichgelehrten Stande angehört habe. Ist er vielleicht
ein Ritter gewesen? Dagegen spricht, mehr noch als der
Gebrauch unhöfischer Ausdrücke, die Unkenntniss höfischer
Sitte.

Im Gebrauch des Duzens und Ihrzens zeigt sich grosse
Unsicherheit, die höfische Etikette wird angestrebt, aber oft
verletzt. 1578 duzt eine Jungfrau einen fremden Ritter,
3106 duzt ein Bote, 3093 ein gefangener Heide die Königin
Isope; zwei Gegner duzen sich während des Kampfes 1907.
4848, Wigamur duzt den König Artus 3406 ff. Du und Ihr
in der Anrede wechseln unmittelbar nacheinander ab: 5732
bis 34, 5750—51.

Unhöfisch ist gewiss auch, dass Wigamur seine Braut
schon vor der Verlobung auf den Mund küsst 4535. Eigent-
licher Minnedienst tritt im Wigamur gar nicht hervor, die
Jungfrauen erscheinen stets als schutzbedürftig und hilfe-
flehend, sie fallen den Rittern zu Füssen 1692. 2802. 5760.
5379.

Gegen die feinere Sitte wird im Wigamur bei festlichen
Gelegenheiten viel getrunken (z. B. 4411 'und bâtens trinken
vaste') die Schenken sind fortwährend in Bewegung 78. 1259.
3540. 4408. 4540 ff., 4567. 4582; König Paltriôt schärft
seinem Sohne unter anderen Herrscherpflichten ein, Meth
und Wein zu trinken und zu spenden 4296.

Bei den Zweikämpfen wird nur die Wucht der Hiebe,
nie die Geschicklichkeit oder Kunst hervorgehoben 1873 ff.
1903. 1916. 5217 ff.

So scheint nur noch die Annahme übrig zu bleiben, ·
dass der Dichter des Wigamur ein Fahrender von niederem
Stande und geringer Bildung gewesen sei; dies verräth auch
das Epitheton 'stolzer spilman' 4592, welches sonst wohl nur
in echten Spielmannsgedichten, wie im Morolt und Orendel,

vorkommt. So erklärt sich von selbst in Stil und Darstellung
die Abhängigkeit von der Spielmannspoesie, welche trotz
aller versuchten Nachahmung höfischer Kunst zur Geltung
kommt. Unser Dichter ist ein frommer Mann. Gern weist er
auf die Fürsorge und Fügung Gottes hin 1026 ff. 4141. 4161.
4299. 4638; sein Gedicht schliesst er mit den Versen:

> hie hât ditze buoch ein ende,
> got unser aller kumber wende,
> âmen, deo gratias!

Seine Grundsätze sind sittenstreng, seine Darstellung hält
sich fern von aller Lüsternheit, und bei verfänglichen Situa-
tionen weist er unberechtigte Folgerungen ausdrücklich ab
987, 1077. Die Minne erscheint bei ihm nicht als Leiden-
schaft sondern als gemüthliche Zuneigung, und die Liebes-
scenen zwischen Wigamur und Dulciflur sind von einer
Naivetät und Einfalt, wie selten in jener Zeit. Bei der ersten
Begegnung sprechen beide nichts, küssen sich auf Geheiss
des Vaters, sind aber dabei recht schüchtern:

> 4535 hie wurden an der stunde
> zwêne rôte munde
> an einander gedrücket
> und gâhes wider gezücket.

Beim Ringwechsel sagt Dulciflur zu ihrem Verlobten:

> ir sult ouch, herre, nemen daz mîn
> (sc. vingerlîn)
> got mir gunnen müeze,
> daz ir gesunt lange sît,
> wan al mîn fröide an iu lît.

'Dô kuste er daz magedîn' heisst es dann von Wigamur,
aber er erwidert kein Wort. Beide Liebespaare, Hartzier
und Pioles, Wigamur und Dulciflur zeichnen sich durch die
Treue aus, welche sie trotz jahrelanger und meilenweiter
Trennung bewahren. Einen fast komischen Eindruck macht
die Besorgniss von Dulciflurs Eltern, ob es wohl gerathen
sei, ihren zukünftigen Schwiegersohn zum Turnier der schönen
Königin Dinifogar ziehen zu lassen, und die Beruhigung, dass
er doch den Verlobungsring ihrer Tochter am Finger trage,

da könne er nicht untreu werden 4707. Später, als Dulciflur
gefangen ist, schaut sie unter Thränen ihr Ringlein an und
gedenkt dabei sehnsüchtig des fernen Geliebten 5505. Etwas
sentimental und weichlich ist die Klage des Königs von Nordîn
um seine verlorene Braut 5591, und die schon erwähnte
Scene, wie Wigamur und der König Atroclas bei der Er-
zählung des Wirths in Thränen ausbrechen 5529. Auch
sonst zeigt sich eine Vorliebe für die Darstellung rührender
und gemüthlicher Situationen, während die Schilderung leiden-
schaftlicher Seelenzustände, tragischer Conflicte, überhaupt
alles die Empfindung aufregende vermieden wird. Froher
Empfang und Wiederfinden geliebter Personen werden mit
deutlichem Behagen erzählt: wie die Mutter dem heimge-
kehrten Sohn vor das Thor entgegengeht 4257, wie die be-
freite Dulciflur zu Hause angekommen voraus eilt und die
Mutter mit den Worten begrüsst:

> 6092 frou muoter, ir sult vrô sîn,
> Atroclas, der vater mîn,
> ist gesunt komen [wider] dâ.

und sonst 4140. 4370. 5722. 5765.

Neigung zu humoristischer Darstellung tritt besonders
im Eingang des Gedichts hervor, wo die Unerfahrenheit und
Ungeschicklichkeit Wigamurs zu komischen Situationen be-
nutzt wird. Freilich ist das Motiv sehr verflacht, besonders
mit der Darstellung Wolframs verglichen, und die Spässe
recht primitiv, z. B. wenn Wigamur den Ritter, den er be-
siegt hat und der nun sein Mann zu werden verspricht, fragt,
wie denn das geschehen könne, er sei doch kein Weib.

Ganz hübsch dagegen und wohl die orginellste Partie
im ganzen Gedicht ist die Idylle von Wigamur und Pioles
854—1077. Wie Wigamur in der eingeäscherten, öden Stadt
die verlassene Jungfrau trifft, wie sie ihm ihr Leid klagt
und er sie in seiner kindischen Weise tröstet: heut sind wir
noch wohl berathen, wir haben Brot und einen Braten zu
speisen, wie sie dann dem ungeschickten das Ross absatteln,
den Harnisch abschütten hilft, und beide sich häuslich ein-
richten, wie er den Fasan rupft und sie ihn eigenhändig zu-
bereitet und beide sich nach langem Fasten daran gütlich

thun — das alles ist echt humoristisch erzählt, gar nicht in
der gewöhnlichen Art mhd. Dichter, sondern in der reali-
stischen Ausführung an moderne Genremalerei erinnernd.
Spuren realistischer Darstellung zeigen sich auch sonst:
in dem psychologischen Interesse am Thierleben (wie das
verirrte Ross nach seinem warmen Stall zurückfindet 802,
die Sorge des Adlers um seine Jungen, die Dankbarkeit und
Treue gegen seinen Retter 1450—1500), in der Lokalschil-
derung 838 f., 4257 ff., 5536 ff., 5867 ff., 6002 f., in der
Erwähnung der alltäglichen Gewohnheiten und Bedürfnisse
des Lebens 2469, 5003, 4442, 4554, 4562, 5651, 5813. Zu-
sammen hängt mit dieser Neigung auch die Manier des
Dichters, jede vorkommende Person, wenn sie auch nur eine
Statistenrolle hat, mit Namen zu nennen und äusserlich zu
charakterisiren.

In der Darstellung herrscht eine störende Breite und
Weitschweifigkeit. Idis erzählt die Geschichte von der Be-
raubung durch ihre Muhme in 90 Versen 1577—1668, wozu
sie bequem nur die Hälfte gebraucht hätte; der König von
Nordîn wiederholt V. 5591. ff. was Pioles 893 ff. berichtet
hat. Wigamur erzählt 710—30, was er V. 464—501 erlebt
hat, und seine ganze, schon bekannte, Lebensgeschichte be-
kommen wir zweimal ausführlich zu hören 1282 ff., 4056 ff.
Putz und Schönheit einer Jungfrau, die als Dienerin eine
ganz untergeordnete Rolle spielt, werden in 70 Versen (2561
bis 2635) beschrieben. Dabei finden sich Widersprüche, die
von grosser Nachlässigkeit zeugen: nach V. 1290 ist Wigamur
12 Jahre, nach V. 4057 nur 10 Jahre bei dem Meerweibe
gewesen; V. 562 hat Wigamur von einem Ritter sein Ross
führen gelernt, V. 815 ff. weiss er noch nicht den Zaum zu
halten; ein anderer Irrthum (533—1300) ist S. 4 erwähnt.
Die Abenteuer reihen sich ohne inneren Zusammenhang an-
einander, Personen, die erst eine hervorragende Rolle spielten,
werden nachher ganz vergessen: Glakotelesfloyr, der Fürst,
von dem Wigamur zum Ritter geschlagen wurde, Idis, Isope,
Dinifogar.

Eigene Erfindung scheint nur in der besprochenen
Episode zu Anfang und gegen den Schluss des Gedichtes

vorzuliegen. Zuletzt scheint der Dichter etwas mehr Geschick und Selbständigkeit in der Composition erlangt zu haben. Zwar wie Wigamur seinen Vater findet, darin zeigt sich noch wenig eigene Erfindung: dass nach unentschiedener Schlacht die beiden Könige durch Zweikampf das Kriegsglück entscheiden, ist ja ein altepisches Motiv (so lässt z. B. Lamprecht Alexander und Porus mit einander kämpfen), und dass beim Zweikampf Vater und Sohn einander unbekannt zusammentreffen, ist ebenfalls ein beliebter Vorwurf der Heldensage. Dann aber, als die Erzählung schon zu einem glücklichen Abschluss gekommen scheint, weiss der Dichter noch eine Peripetie zu erfinden, den Raub der Braut Wigamurs, welcher durch den Streit beim Turnier der Königin Dinifogar ziemlich gut motivirt ist, er versteht es die Spannung durch die Episode, in der Pioles und der König Hartzier zusammengebracht werden, zu steigern. Die Königin Dinifogar freilich, welche sich durch das Preisturnier einen Gemahl und Beschützer verschaffen wollte, kommt schlecht weg. Auf drei Ritter, die als Sieger aus dem Turnier geschieden waren, hatte sie Anspruch. Aber zwei davon mag sie nicht, der dritte, Wigamur, ist bereits versagt, und wir erfahren nicht, was aus der schutzlosen wird.

In der psychologischen Charakterisirung der Personen leistet der Dichter sehr wenig. Die 'tumpheit' des Wigamur ist dem Lanzelet und Parzival nachgebildet. Aus dem Parzival oder Iwein stammt wohl auch der melancholische Zug, mit dem der Dichter den Charakter seines Helden ausstattet: Wigamur weist Kronen und Länder und die Hand schöner Königinnen zurück, weil er seiner dunkeln Herkunft wegen sich dieser Ehren unwerth dünkt 2260 ff. 3920; er klagt, dass Niemand seinen Tod betrauern würde 3920, will unstät umherziehen, bis er sein Leben verloren oder Ruhm und Ehre gewonnen hat 1421 ff.

Es ist kaum anzunehmen, dass ein so wenig begabter Dichter auf die Litteraturentwicklung eingewirkt und Nachahmer gefunden habe. Und doch scheint es so. Wenigstens stimmt eine längere Stelle aus dem Wigamur fast wörtlich zu einem Gedichte Peter Suchenwirts. Es ist jene Schilderung weiblicher Schönheit, in der wir Anklänge an die Manier Konrads von Würzburg zu bemerken glaubten, Wigamur 4905—4944:

    die maget was zu massen langk
    enmitten clain, sinwel und swanck
    in rechter weiss erfollen
    ir hüfflin zart gedrollen,
    [ir mündlin rot als der ruboin
    gar schön was das megethein;]
    ir zen weiss als das helfenpain,
    die weissin durch die röttin schein,
    ir wenglin zart gemenget,
    die weyssin durch die rötin dringet
    doch het die röt den pessern tayl,
    ir nesslin gar an alle mayl,
    schlecht, klain und nit gepogen.
    auch het die maget wolgezogen
    zway augen prawn nach valcken art,
    darin das weyss sich nit spart,
    nach wunsch gar unerblichen,
    ir prawnen praen gestrichen
    mit einem pensel wolgefar;
    als gespünst was jr har.
    auch furt die edel maget rain
    ain harpant von edelm gestain
    geworcht mit ganzem vleyss
    darzwischen gross perlein weyss,
    in rechter weyse gelenket
    und auf ir har gesenket.
    die mynicliche diern
    het zway prüstlin als zwo piern,
    geschmucket an ir hercze zart;
    sy was geporen von hoher art.
    ir hendlin weyss, jr finger lang,
    ir näcklin und ir hülsslin planck
    ir kel und auch ir kynn
    geformirt nach der mynn,
    [in rechter masse an laster
    lind, weyss dann ain alapaster]
    ir füsslin clain, pogristen hol,
    ain zeysslin het sich verporgen wol
    under irn füssristen,
    geschücht nach maysters listen.

Suchenwirt herausg. v. Primisser xxv, 166—222 (die Reihenfolge der Verse ist der Uebersichtlichkeit wegen so geändert, dass sie der im Wigamur entspricht):

181 di maget was zu masse lank
enmiten chlain, sinibel und swank,
173 in rechter weis en vollen
ir hufel zart gedrollen,
195 ir zendel als daz helfen pain
die weizz durch de rote schain,
ir wengel tzart gedrenget,
weis sich in rote menget,
doch het di rôt den pesten tail,
ir nesel was an alle mail,
ejn wenik hoch, ein chlain gepogen
auch het di mayd gar wolgetzogen
zway augen brawn nach valken art,
darin das weis sich nicht enspart
noch wunsch gar unverblichen,
ir brawne bra gestrichen
mit ainem pemsel warn dar,
212 als gold gespunnen ward ir har,
209 auch het die zart maget rain. . .
216 ff. . . . ir harpant was manik edel stain
in gold verboricht nooh wunsches fleis,
do zwischen grozze perlein weiz,
recht als ein reb gelenket,
und auf ir har gesenket.
183 ff. das minnecleiche dirnl
zway prustel als zwai pirnl
gesmuket an ir hertzel tzart;
si was geporn von rainer art,
ir hendel weis, ir vingerl lank,
ir helsel runt, ir nekel blank,
ir chel und auch ir chynne
geformet noch der minne,
167 ff. ir fûzzel chlain pogriste hol,
eyn tzeisel sich verporgen wol
hiet unter irem riste,
gesucht noch maisters liste.

Aber diese ganz offenbare Uebereinstimmung scheint doch eine andere Erklärung zu verlangen. Die Beschreibung entspricht gar nicht dem sonstigen Geschmack und der Darstellungskunst unseres Dichters. Wo er sonst Frauenschönheit schildert, zeigt er sich sehr unbeholfen und dürftig im Ausdruck. In der langen Beschreibung 2561—2635 ist das einzige, was er von Körperschönheit zu sagen weiss: 'ir munt bran reht als der rubîn' 2615 und 'rôt als ein rôse was ir munt und lichter danne ein gimme' 2634; in einer anderen Schilderung 4449—4520 hebt er nur die Weisse des Antlitzes, die leuchtenden Augen, die Röthe des Mundes hervor, und sagt zuletzt 4519 'diu juncfrowe drunder schein als der edel rubîn tuot bî andern steinen guot'; ähnlich 5536 'diu maget clâr dar under bran rôter danne ein bluome tuo'. Das ist alles. Der Geschmack des Dichters steht also noch auf der niedrigen Stufe, wo die Schönheit nur in Glanz und Farbenbuntheit erkannt wird. Und in der That gehen selbst die höfischen Dichter jener Zeit in ihren Schilderungen nicht viel über diesen Standpunkt hinaus. Formenschönheit beschreibt erst Konrad von Würzburg. Peter Suchenwirt wird wohl ein direkter oder indirekter Nachahmer von ihm sein. Und der letzte Schreiber des Wigamur, der jedenfalls nach Peter Suchenwirt lebte, flickte wahrscheinlich die ihm bekannte Stelle ein, vielleicht nach dem Gedächtniss, da er sonst wohl die Reihenfolge besser bewahrt hätte.

Jene 4 Verse aber, denen bei Suchenwirt nichts entspricht und die ich daher durch eckige Klammern bezeichnet habe, sind wahrscheinlich echt; sie geben eine kurze Beschreibung ganz in des Dichters Geschmack, die sich an das Vorhergehende und Folgende zwanglos anschliesst.

Sollte die aus dem Tristan wörtlich entlehnte Stelle vielleicht auf dieselbe Weise in den Text gekommen sein? Auch hier stehen zwischen den abgeschriebenen Versen einige, die nicht aus dem Tristan stammen, und die zusammengerückt einen vollständig genügenden Sinn ergeben:

1162 nu stuonden, dâ der brunne vlôz
     manec linde und ôlboum grôz
1166 nüzze [epfel, biern,] kütton unde kesten
     fîgen [mandel, mulber] unde datel die besten,
1174 ouch stuonden alumbe dâ
     rôsenstocke und wînreben sâ,
     [die wâren] in ein guldîn reif gebogen
     und hôch über den stein gezogen
     die, gelîche eime hage,
     daz dar durch kûme der tac

mohte sînen schîn gehân.
ouch sô stuonden umb den plân
viol und meienblüemîn,
(Hs. also stânt es umb den blan,
auch wuchsen da veyal und maienblüemein)
und ouch aller bluomen schîn.
1188 vil der vogele manecvalt,
gâlander, nahtgal, swaz (Hs. was) der walt
zaller zîto mohte gehân —

die folgende Reimzeile fehlt in der Hs.

Gegen die Annahme, dass der Dichter selbst jene Stelle
entlehnt habe, spricht der Umstand, dass sie völlig isolirt
steht, und von einer sonstigen Nachahmung Gottfrieds nichts
sicheres zu entdecken ist. Auch findet sich unter den vielen,
verschiedenen Dichtern nachgeahmten, Stellen keine einzige
längere, die wörtliche Uebereinstimmung zeigte, und nach
der Sprache und dem Stil unseres Dichters möchte man fast
schliessen, dass er weder schreiben noch lesen gekonnt habe.
Das Gedicht von Wigamur ist ein sehr unbedeutendes
poetisches Product, aber es ist merkwürdig als das einzige
Beispiel einer Nachahmung der Artusromane durch einen ganz
ungebildeten Dichter, als ein Zeugniss für die Verbreitung
und Wirkung der höfischen Poesie auch in den niederen
Volksschichten. An poetischem Werth aber steht unser Ge-
dicht durch seine naive, treuherzige, wenn auch unbeholfene
Darstellung gewiss immer noch höher als die faden Romane
des Pleiers. Der behagliche Humor, die derbe Gemüthlich-
keit, welche von der alemannischen Formglätte und Farb-
losigkeit ebenso absticht, wie von dem trockenen, wortkargen
Ton mitteldeutscher Dichter, verräth auch ohne die äusseren
Merkmale, aus welchem Boden dieser verwilderte Sprössling
der Artusromane seine Nahrung gesogen. Und wenn sonst
die bairische Dichtung als die Bewahrerin des altepischen
Stiles erscheint, so giebt gerade dieser vereinzelte Versuch in
entgegengesetzter Absicht einen interessanten Beweis für die
Herrschaft desselben, auch wo sein Einfluss sich wider Willen
geltend macht.

Red. Scherer.